AF337813

ALLOCUTION

Prononcée à l'occasion du Mariage de

Mlle VALENTINE MOYNE

AVEC

M. JOSEPH HECKMANN

Dans l'Eglise de Puligny

Le 4 Mai 1892

PAR LE R. P. QUINCENET, DOMINICAIN

LE MANS

IMPRIMERIE CH. BLANCHET, 6, RUE GAMBETTA

1892

ALLOCUTION

Prononcée à l'occasion du Mariage de

Mlle VALENTINE MOYNE

AVEC

M. JOSEPH HECKMANN

DANS L'ÉGLISE DE PULIGNY

Le 4 Mai 1892

PAR LE R. P. QUINCENET, DOMINICAIN

———◇———

MES CHERS AMIS,

Vous allez accomplir dans quelques instants un des actes les plus solennels qui puissent se rencontrer dans une vie humaine.

Après la promesse du prêtre, qui jure au pied des autels d'être à jamais fidèle à l'Église de J.-C., et de renoncer à sa volonté propre pour suivre en tout celle de son maître, il n'en est pas de plus sacrée que celle des fiancés, qui, en face de Dieu et des hommes, s'engagent à vivre dans une mutuelle affection et une fidélité inviolable. Cette promesse que vous allez faire est un serment, c'est-à-dire, un engagement d'honneur qu'il n'est pas possible de violer sans mériter une note de déloyauté ; c'est un contrat, c'est-à-dire un engagement de justice qui, aussitôt formé, oblige comme une loi, et dont aucune considération humaine ne saurait dispenser. Bien plus, par la volonté formelle de J.-C., c'est un sacrement, une source de grâces surnaturelles, un signe sacré qui rappelle l'Union du Sauveur avec l'Église sa divine fiancée.

L'instruction chrétienne que vous avez reçue vous a fait connaître depuis longtemps la gravité de ces engagements, et depuis le moment où vous avez senti vos cœurs inclinés l'un vers l'autre, vous y avez pensé dans le silence du recueillement et de la prière.

Vous n'êtes pas de ceux qui ne voient dans l'union conjugale que le rapprochement de deux patrimoines, de deux intérêts ou de deux sympathies ; vous ne pensez pas, comme l'opinion du jour semble vouloir nous y contraindre, que vous allez faire un essai heureux ou malheureux, que le temps se charge de juger et de condamner au besoin ; vous n'avez pas fait ces calculs positifs et vulgaires qui viennent toujours de l'égoïsme et qui fanent en quelques jours les fleurs dont on s'efforce de les couvrir.

Au contraire, vous êtes bien persuadés que le mariage c'est l'union de deux volontés dans le devoir, de deux cœurs dans la tendresse, de deux vies humaines dans une vie surnaturelle et divine.

C'est là le point le plus oublié et c'est celui dont vous voulez surtout vous souvenir.

Une phrase harmonique ne peut être complète si elle ne se compose que de deux mélodies concertantes, quelles que soient leur richesse et leur beauté géniales. Pour que l'oreille soit satisfaite, il faut y joindre la note *fondamentale* qui donne aux accords leur plénitude et leur solidité. De même, si la pensée divine ne vient pas soutenir les fatigues et les fluctuations de deux volontés humaines, elles restent toujours, au moins en partie, impuissantes et stériles. Pour qu'elles soient harmonieuses, il leur faut la fondamentale nécessaire qui est Dieu.

Vous connaissez donc, pour y avoir réfléchi, les devoirs nouveaux qui seront bientôt les vôtres. Vous savez qu'il vous faudra être constamment au service l'un de l'autre, vous oublier en vous dévouant, vous supporter dans les imperfections que la bonne volonté ne saurait faire disparaître, vous préparer à élever chrétiennement les enfants que la Providence vous enverra, en développant largement en vous le sentiment du devoir et de la vertu.

Vous savez tout cela, et cependant vous n'éprouvez aucune crainte, car le Dieu que vous prenez pour témoin et pour garant de vos serments, vous aidera à en observer la loi dans toute son intégrité. Si vous vous troublez, c'est lui qui vous calmera; si vous faiblissez, c'est lui qui vous fortifiera; si vous avez des peines et des douleurs, c'est lui qui vous consolera. Aux jours difficiles, comme il s'en trouve dans toute existence humaine, vous viendrez ensemble au pied des autels, comme vous y êtes aujourd'hui; et votre prière obtiendra de Dieu ce qu'il ne refuse jamais, quand deux voix s'élèvent ensemble pour intercéder.

Votre passé, d'ailleurs, nous répond de votre avenir.

Vous, Monsieur, vous appartenez à une famille où les sentiments religieux ont toujours marché de pair avec les traditions artistiques. Le nom que vous portez et ceux de vos proches parents ont obtenu une notoriété dont vous avez le droit d'être fier, et cette notoriété leur vient toute entière du dévouement avec lequel ils ont consacré leur talent au service de l'Église. L'organiste occupe dans le temple une place d'honneur, la première après celle du prêtre dont il partage la prière et dont il commente les paroles. Sous ses doigts, le royal instrument qui unit dans une même harmonie toutes les voix humaines et toutes celles des créatures inanimées, chante tour à tour la majesté du Tout-Puissant et la bonté infinie du crucifié, la tendresse de Marie et la détresse des pécheurs, la pureté angélique des vierges et le douloureux repentir des âmes que la terre a souillées. Telle est l'impression que j'ai éprouvée à l'Église Saint-Vincent de Chalon, tel est le souvenir que je garde des offices de la cathédrale de Nancy. Bien des fois, debout à côté de l'illustre artiste, qui vous touche de si près, et dont tous les organistes, en France comme en Allemagne, connaissent la science profonde et la virtuosité incomparable, je me suis laissé emporter sur ces flots d'harmonie, où Bach, Haëndel, Mendelssohn et tous les grands génies de la musique, apportaient successivement leurs inspirations sublimes. Je n'ai jamais rien entendu qui rappelât les compositions troublantes et passionnées du siècle; c'était toujours de la musique religieuse jouée par un artiste religieux.

Vous avez marché sur leur trace, Monsieur, et le chemin que vous suivez est trop beau pour que vous ayez jamais la pensée d'en sortir.

Pour vous, ma chère enfant, je retrouve les mêmes idées et la même vie dans un autre milieu.

Vous aussi, vous appartenez à une famille où les traditions religieuses ont toujours été unies au sentiment artistique. Parmi les prêtres qui ont gouverné cette paroisse avant la Révolution il s'en trouve un qui porte votre nom; et, quand on veut remonter à la vraie cause du goût musical si développé dans ce pays, on trouve tout au premier rang votre aïeul, si bien secondé dans la suite par votre père. Je n'ai pas besoin de prononcer le nom de cet aïeul, il est sur toutes les lèvres comme son souvenir est dans tous les cœurs. C'est à peine si vous avez vu près de votre berceau cette figure souriante et sympathique, mais moi qui ai vécu dans son intimité, j'ai conservé pour sa mémoire un véritable culte. Dieu lui avait donné avec surabondance tous les dons naturels, et il se servait de son influence pour maintenir partout la bonne harmonie et la douce gaîté qui vient de l'union des cœurs. Son respect pour la religion était profond et sincère, il en aimait les cérémonies, et son plus grand bonheur était de grouper autour de lui dans cette église les jeunes gens de bonne volonté qu'il avait initiés aux premiers éléments de l'art musical.

Ce qu'il aimait à faire aux grandes solennités, votre père le fait aujourd'hui assidûment avec un talent plus sûr et plus éprouvé. Leur nom à tous deux restera toujours uni au souvenir religieux de cette paroisse.

J'ai confiance que l'esprit traditionnel de la famille se perpétuera en vous.

Vous avez reçu, dès votre enfance, l'exemple du travail, de ce labeur sans trêve et sans défaillance, qui fortifie l'âme et qui la rend prête à soutenir toutes les luttes, qu'elles viennent du dedans ou du dehors. On vous a appris chez vous que la vie la plus noble et la plus glorieuse n'est pas celle où surabondent les plaisirs et les distractions, mais celle qui se voue courageusement à l'accomplissement du devoir. — Après l'éducation de votre famille vous avez eu les enseignements et les conseils des saintes maîtresses au milieu desquelles vous avez passé les années de votre adolescence. Toujours attentive à leurs paroles et à leurs leçons, vous avez compris que le véritable ornement d'une jeune fille c'est la piété du cœur et la simplicité de la vie. Grâce à leur influence salutaire, vous avez développé en vous les fortes convictions et les habitudes suivies qui constituent une religion éclairée, et, quoiqu'il arrive, vous êtes résolue à ne rien négliger et à ne rien oublier.

Je suis heureux et fier de le dire :

C'est une union chrétienne que je vais bénir. Comme le jeune Tobie et son épouse, vous vous êtes souvenus que vous appartenez à la famille des saints. Vous avez regardé comme un devoir sacré cette fonction de la multiplication des âmes à laquelle la Providence veut vous associer, et vous avez demandé en même temps que la lumière qui guide, la force

qui donne le courage de marcher jusqu'au bout.
Soyez donc sans crainte, vos supplications seront
exaucées. Les prières de vos parents et de vos amis
viennent se joindre à elles, et la bénédiction solen-
nelle du Fils de Dieu va descendre sur vous, pour
vous donner à jamais la grâce de la fidélité parfaite
dans l'affection sincère.

AINSI SOIT-IL.

Le Mans. — Imp. CH. BLANCHET. — 111.